MÉDITATIONS CHRÉTIENNES

FRANÇOIS-AUGUSTE-ALPHONSE GONTHIER

TABLE DES MATIÈRES

MÉDITATIONS CHRÉTIENNES

1. Misère de l'homme — 3
2. Appel de la grâce — 5
3. Le moment de la grâce — 8
4. Recueillement — 10
5. Méthode d'amendement — 13
6. Efforts pour obtenir le salut — 15
7. l'Éternité — 17
8. Souvenir de l'Éternité — 19
9. Faveurs attachées à la repentance — 20
10. Caractères du vrai fidèle — 22
11. Résolution — 27

INSTRUCTIONS SUR L'HUMILITÉ — 29

MÉDITATIONS CHRÉTIENNES

1
MISÈRE DE L'HOMME

Ma misère est grande.

Je le comprends par les impressions différentes que me font les douceurs de Dieu et celles du monde. Quand ces dernières se présentent, je sens tout le penchant de mon cœur se porter vers elles avec une impétuosité que j'ai bien de la peine à réprimer: pour recevoir ces funestes impressions, je n'ai besoin ni de réflexion, ni de travail.

Au lieu que s'il s'agit d'aller goûter les douceurs de mon Dieu, il faut réfléchir, m'exhorter; et ce n'est qu'avec beaucoup de peine, qu'après les avoir bien considérées dans mon esprit, elles descendent quelquefois dans mon cœur. Cependant une certitude qui ne souffre aucun doute, m'a convaincu de la haute préférence que tout m'oblige à leur donner sur les douceurs du monde et des créatures.

Pourquoi mon malheureux cœur a-t-il tant de peine à suivre les lumières de mon esprit?

Rien n'est plus humiliant; rien aussi ne m'afflige davantage.

C'est ce qui fait que plus mes lumières augmentent et me convainquent de l'excellence des choses de Dieu, et plus vivement j'aperçois ma misère et ma corruption.

Je ne serai content que lorsque je verrai mon coeur se porter vers DIEU avec une pente aussi facile que celle avec laquelle il se portait autrefois vers les objets de ses convoitises.

2

APPEL DE LA GRÂCE

On se trouve bien coupable de ne pas se dévouer à Dieu sans réserve, quand on songe aux moyens qu'il ne cesse de mettre en usage pour nous attirer à lui.

Ce tendre Père ne se borne pas à nous attendre, il daigne nous chercher; il nous ménage, pendant le cours entier de notre vie, une foule de circonstances, simples en apparence, mais infiniment précieuses, et toutes également propres à nous attacher à son service.

Ici, c'est par des revers imprévus, par des contradictions dont notre orgueil s'irrite, par des humiliations dont il s'offense, qu'il nous dispose à faire des réflexions sérieuses, à rentrer en nous-mêmes, à porter nos regards vers l'unique source de toute consolation, de toute paix.

– Là, c'est du sein même de nos succès et de l'enivrement de nos joies, qu'il fait naître une sorte de lassitude, un sentiment secret du néant des choses humaines, un dégoût salutaire de tous les faux biens, qui tend à nous ramener au seul Bien véritable.

– Tantôt, c'est par une suite de conseils, d'instructions, d'exemples, venant comme à l'appui les uns des autres, et portant dans notre âme une lumière qui lui était auparavant inconnue, qu'il travaille à s'en rendre maître.

– Ou bien, c'est en excitant notre sensibilité par des bienfaits, en la réveillant, en la piquant en quelque sorte par des coups de Providence, et quelquefois par une chaîne de faveurs que nous n'aurions point osé espérer, qu'il veut nous forcer à la reconnaissance.

Pourrions-nous bien résister encore à tant de bonté, à tant d'amour?

Se formera-t-il sans cesse entre Dieu et nous un combat, de clémence, de sollicitations de la part de Dieu; et d'opposition, d'ingratitude, de révolte de notre part?

Dans ce combat si étrange, si attendrissant du

côté du Roi de l'univers, si déshonorant du côté de sa créature, qui l'emportera enfin, de DIEU ou de nous ?

3

LE MOMENT DE LA GRÂCE

Vous me demandez quels sont les moments de la grâce.

Ce sont toutes les occasions où Dieu semble lever tout à coup de dessus nos yeux le bandeau qui les couvre, pour nous éclairer sur notre situation véritable.

Ainsi, le moment de la grâce, ce sont certains reproches intérieurs que s'adresse une conscience troublée: on sent qu'on n'est pas ce que l'on devrait être; on se dit qu'il ne faudrait ni vivre ni mourir dans un tel état, qu'il faudrait enfin penser à un retour sérieux vers Celui de qui toutes nos destinées dépendent.

Le moment de la grâce, c'est une prédication touchante, une lecture de piété, un exemple édifiant:

dans un autre temps, tout cela aurait été sans effet; dans ce bon moment, tout émeut et fait impression.

Le moment de la grâce, c'est un accident funeste, une mort subite dont on est témoin: à cette vue, que ne se dit-on pas?

Quelles réflexions salutaires ne fait-on pas?

Qu'est-ce que ce monde! Qu'est-ce que cette vie!

Pour combien de temps resterons-nous nous-mêmes ici-bas!

Le moment de la grâce, c'est un chagrin, un revers de fortune, une maladie dangereuse: alors on voit le néant de tout, on ne trouve de consolation que dans Dieu.

Le moment de la grâce pour moi, n'est-ce point cet instant même où je médite cette grande vérité, et où le Seigneur me presse de répondre enfin à toutes les sollicitations paternelles qu'il m'a adressées jusqu'à cette heure?

Rien n'est aussi important pour nous, que d'être fidèles à la grâce quand elle nous appelle, que de ne pas la combattre par des résistances criminelles, que de suivre sans retard ses inspirations salutaires.

Il en est de l'affaire du salut comme de toutes les autres: chacune a son temps; et le succès dépend souvent de certains moments plus heureux; si on les manque, ils sont quelquefois sans retour.

4

RECUEILLEMENT

Par le mot de recueillement, on entend l'attention ferme et constante qu'une âme décidée à plaire à Dieu, et pressée du désir de se sauver, donne aux sentiments et aux lumières que l'Esprit saint répand en elle, et qui la portent à l'accomplissement de ses devoirs.

Cette idée est simple: pour la rendre plus intelligible encore, rappelons deux vérités incontestables.

1. Sans l'assistance de Jésus-Christ, nous ne pouvons rien pour notre sanctification. Sans moi vous ne pouvez rien faire, disait à ses disciples ce Maître adorable.

2. De cette vérité de foi, dont il est essentiel pour nous d'être toujours et bien profondément pénétrés, il suit que le succès de la grande affaire de notre

salut dépend de la grâce et de notre fidélité à suivre les impressions qu'elle nous communique pour cet ouvrage.

Mais comment les recevoir et les suivre, si l'on s'abandonne à toutes les dissipations du monde?

Une âme plongée dans les impressions des sens, constamment prévenue par les objets extérieurs, devient inhabile à connaître le don de Dieu et à en jouir; elle se trouve exposée à toutes les surprises et va au-devant de toutes les chutes.

Il est essentiel encore, pour se former au recueillement, de tenir autant que possible son âme en paix. Les agitations, les inquiétudes, ou une fausse activité qui nous emporterait constamment loin de nous, empêcheraient la Vertu divine de s'y établir.

Il faut que quelque chose de paisible nous accompagne jusque dans le bien que nous faisons. Si la vivacité naturelle s'y mêle, elle déplacera l'âme et la troublera.

Je vais plus loin, et j'observerai que le zèle que nous devons avoir pour combattre nos défauts, ne doit jamais aller jusqu'à l'impatience, et moins encore au découragement. L'humeur que nous tournerions contre nous-mêmes nous corrigerait aussi peu qu'elle corrige les autres.

C'est en conservant une sorte de calme, que nous garderons toutes nos forces pour aller courageusement au-devant de nos faiblesses et en triompher, et que nous ne cesserons point d'entendre la voix du SEIGNEUR, toujours prêt à nous seconder dans cette lutte sainte.

5

MÉTHODE D'AMENDEMENT

Le moyen le plus sûr d'épurer notre âme, est de nous attacher successivement à chacune de nos mauvaises habitudes pour les combattre.

Après avoir marqué le défaut dont nous voulons chercher avant tout à nous corriger, demandons tous les matins à Dieu, dans notre prière, qu'il daigne nous accorder sa grâce pour y réussir;

souvenons-nous qu'il ne la donne qu'aux humbles qui sont convaincus de leur faiblesse et qui mettent en lui seul toute leur confiance.

Lorsque nous tomberons pendant le jour dans la faute que nous avions résolu d'éviter, aussitôt que nous la découvrirons, rétractons-la par un acte intérieur de regret : cela peut se faire partout et sans que l'on s'en aperçoive.

Le soir, lorsque nous examinons notre conscience, recherchons avec un soin particulier le nombre de ces fautes-là; comparons ainsi les jours avec les jours, et les semaines avec les semaines, afin de voir si nous avançons.

Ne nous laissons pas décourager par nos chutes;

Ayons continuellement recours à Dieu qui est la force des faibles: il bénira à la fin notre PERSÉVÉRANCE.

6

EFFORTS POUR OBTENIR LE SALUT

Que signifient ces figures si marquées dont le Seigneur se sert pour nous donner une juste idée du zèle que nous devons apporter à l'œuvre de notre salut?

Tantôt c'est un festin auquel il invite tout le monde; mais il faut tout quitter pour s'y rendre.

Si c'est la drachme perdue, il faut renverser toute la maison pour la trouver.

Si c'est une pierre précieuse, il faut tout vendre pour l'acheter.

Si c'est un héritage réservé aux élus, on n'y entre que par la croix.

Si ce sont des vierges qui attendent l'époux, quelle vigilance, quelle prévoyance pour n'être pas rejetées!

Voilà la loi ; voilà l'unique voie qui mène au Ciel.

Est-ce la voie que je suis, ou du moins celle que je me dispose à suivre ?

7
L'ÉTERNITÉ

Des biens immenses, au-dessus de toutes nos pensées, sont réservés dans les Cieux aux fidèles; et nous ne les recherchons pas de préférence à tout ! et nous nous attachons à des ombres fugitives, à des biens périssables qui vont nous quitter pour toujours !

Où est notre raison ?

Des châtiments terribles, des peines interminables, attendent ceux qui oublient Dieu et leurs devoirs; et nous n'y songeons pas ! et nous ne les redoutons pas ! et nous appréhendons mille fois davantage les peines de cette vie qui n'ont, en comparaison, que la durée des instants !

Où est notre foi ?

À quoi pensons-nous donc, de quoi nous occupons-nous pendant le court espace de cette vie passagère, si nous ne nous occupons pas de ce qui doit nous conduire à un bonheur ou à un malheur sans mesure et sans terme?

Dans peu nous terminerons notre course: quand cette dernière heure arrivera, comment considérerons-nous tout ce qui nous réjouit, tout ce qui nous afflige ici-bas?

Elle viendra cette dernière heure!

À l'instant même où ces lignes s'offrent à votre vue, un certain nombre d'âmes tombent dans les abîmes de l'éternité, et entendent l'arrêt irrévocable de leurs destinées futures: y ont-elles pensé tandis qu'il en était temps?

Ah! malheur aux insensés qui préfèrent les choses terrestres aux célestes, les temporelles aux éternelles, et les périssables aux permanentes!

8

SOUVENIR DE L'ÉTERNITÉ

Si j'avais habituellement devant les yeux, Seigneur, cette grande vérité que tu nous as apprise,

Si je pensais aussi souvent que je le devrais, que l'amour qui l'aura emporté dans notre cœur pendant le cours de notre vie, recevra son dernier accomplissement à l'heure de notre mort et nous dominera pour toujours,

Avec quel soin ne veillerais-je pas continuellement sur moi-même, pour empêcher qu'il ne s'y formât désormais aucun amour aussi ardent que celui qui doit nous unir à toi, aucune crainte aussi vive que celle de te perdre, et de me trouver accablé sous la ruine des créatures auxquelles je me serais attaché!

9

FAVEURS ATTACHÉES À LA REPENTANCE

Celui qui, jaloux d'entrer enfin dans la route du salut, voit dans la grandeur ou la multitude de ses fautes passées un obstacle aux miséricordes divines, se fait une idée bien fausse de Dieu.

Ce bon père s'arrête bien moins à la gravité des torts, qu'à la vivacité du repentir, à la sincérité des bonnes résolutions, et à l'ardeur avec laquelle nous embrassons le moyen de salut qu'il nous a ouvert dans ses compassions infinies.

Dès qu'il voit qu'une âme se livre sans réserve à ces sentiments, aussitôt le sang de l'Agneau lave tout, la bonté divine oublie tout.

Celui qui fut l'objet de sa colère devient l'objet de son amour;

celui qui fut son ennemi devient son fils.

Et l'on peut observer ici, que celui qui rentre dans le chemin de la vertu après l'avoir abandonné, éprouve une satisfaction plus vive encore que celui qui ne s'en est jamais écarté.

On dirait que par là Dieu veut adoucir la douleur que lui inspire le souvenir de ses fautes et de son ingratitude; on dirait que son intention est d'attacher à son service ce fils repentant par des liens qu'il cherche à lui rendre chers pour qu'ils deviennent indissolubles; on dirait que dans la crainte de le perdre de nouveau, il se hâte de verser sur lui à pleines mains toutes ses faveurs.

Aussi répand-il dans son cœur une satisfaction inexprimable, une consolation délicieuse, une douce confiance qui est une anticipation sur l'ineffable félicité qui l'attend. On ne saurait donner un nom à cette effusion de la grâce dans une âme pénitente; il n'y a point de termes qui puissent exprimer l'excellence de ce qui est DIVIN.

10

CARACTÈRES DU VRAI FIDÈLE

Celui qui est en Christ est une nouvelle créature: les choses vieilles sont passées pour lui; voici, toutes choses sont devenues nouvelles.

Il a des pensées et des affections nouvelles, des désirs et des plaisirs nouveaux, une nouvelle volonté.

Dieu, qu'il oubliait si fréquemment, est devenu la première félicité de son âme; autrefois il lui préférait le moindre plaisir, maintenant il préfère son service à toutes choses.

Jésus-Christ auquel il ne songeait que rarement, est devenu sa plus douce pensée, son unique refuge, toute son espérance; chaque jour il sent son cœur uni plus fortement, et par une reconnaissance plus vive et plus profonde à ce Sauveur adorable auquel il doit tout ce qu'il goûte de bonheur pur ici-bas, tout ce qu'il peut espérer de félicité parfaite dans les Cieux.

Il ne faisait guère plus de cas de l'Écriture Sainte que d'un livre ordinaire; et maintenant il la considère comme une lettre qui lui est adressée d'en haut, signée par la Majesté Éternelle; il en fait l'unique règle de ses pensées, de ses paroles et de ses actions.

Autrefois il n'avait d'autre fin que de se complaire à lui-même, il recherchait pour cela les joies du monde et la vaine gloire; maintenant Dieu, Jésus-Christ, son Esprit, sa Parole, sont ses seuls guides auxquels il fait céder l'amour-propre avec tous ses intérêts.

Ainsi il est renouvelé dans ses inclinations, il a renoncé à lui-même, il a détruit l'empire de la chair pour établir le règne de Dieu en lui.

C'est quand ce grand changement s'est opéré avec l'assistance divine dans une âme, qu'elle peut se flatter sans illusion d'être dans la voie du salut.

Que chacun de nous rentre ici en lui-même, qu'il se demande: et moi, dans quel état me trouvé-je!

1. Suis-je devenu une nouvelle créature ou non?

2. Dieu est-il pour mon âme ce qu'elle a de plus cher?

3. Ai-je embrassé avec une vive foi et une

profonde reconnaissance le Sauveur adorable qui m'offre le pardon de mes fautes et la vie?

4. Ai-je établi mes espérances dans le Ciel; mon plus pressant désir est-il de voir la face de mon Père céleste, de vivre éternellement dans son amour?

5. Ai-je été éclairé par la parole et par l'esprit du Seigneur pour sentir l'horreur de tout ce qui est mal?

6. Suis-je profondément humilié au souvenir de mes fautes passées?

7. Ai-je surmonté toutes mes erreurs graves?

8. Lorsque quelque faiblesse m'échappe encore, est-ce contre le dessein de mon cœur?

9. Désiré-je ardemment d'être délivré de toutes les infirmités qui me restent; y travaillé-je avec zèle et persévérance, et en ne cessant d'implorer les secours d'en haut?

Voilà quel est l'état d'une âme renouvelée: suis-je dans cet état ou n'y suis-je point?

Il est temps pour moi de résoudre cette grande question, avant que le souverain juge la décide lui-même : ah! toute mon éternité en dépend!

Si cet examen n'avait pas pour moi un résultat aussi satisfaisant qu'il serait à désirer, pourrais-je demeurer plus longtemps insensible à cette foule de voix qui m'appellent comme à l'envi à travailler enfin au renouvellement de mes habitudes?

Toutes les instructions que je reçois dans le temple du Seigneur m'y invitent.

Toutes les pages du livre de Dieu m'y convient. C'est la voix de mille inspirations de l'Esprit Saint qui ont pénétré dans mon cœur. C'est la voix de ma conscience. C'est la voix des hommes qui vivent saintement, et dont la vie me prêche de glorifier, à leur exemple, notre commun Père qui est aux Cieux.

Et ma nature même, que me dit-elle?

Pourquoi ai-je la raison, sinon pour servir le Seigneur?

Pourquoi ai-je une âme intelligente, sinon pour étudier sa volonté et la suivre?

Pourquoi ai-je un cœur susceptible d'amour et de crainte, sinon pour le craindre et l'aimer?

J'en ai fait la promesse la plus solennelle, je me suis engagé aux pieds de nos autels à vivre selon l'esprit de l'Évangile; j'ai renouvelé cet engagement chaque fois que j'ai participé au sacrement de l'Eucharistie. Et de telles promesses, inscrites à mesure que je les réitérais dans le livre de vie, ne porteraient pas à cette heure l'épouvante en mon âme, dans le cas où je les aurais négligées !

Ah! la vie ou la mort sont au-devant de moi. Jésus-Christ, qui est le chemin, la vérité et la vie, me conjure et par sa parole et par son Esprit, de le suivre enfin.

Sa voix est celle de la charité la plus admirable. Elle a déjà été efficace sur une infinité de mes semblables, qu'elle a successivement introduits dans le séjour de la gloire. Ils ne voudraient pas à cette heure, pour tous les biens du monde, ne l'avoir pas écoulée.

Et ceux qui l'ont méprisée, le déploreront à jamais avec des larmes de sang.

Mon âme, ne te sens-tu pas profondément émue à toutes ces pensées?

Ah! plus de langueur, plus d'indigne mollesse dans l'œuvre si importante, seule importante, de ta SANCTIFICATION !

Que dès cette heure, ton premier soin soit de réformer tout ce qui se trouve d'irrégulier en toi. Mais connaissant toute ta faiblesse, ne cesse d'implorer les secours d'en haut sans lesquels tu ne peux rien.

Travaille à cette œuvre sainte comme tu désireras de l'avoir fait lorsque tu paraîtras devant ton JUGE SUPRÊME.

11

RÉSOLUTION

Je reconnais enfin, ô mon Dieu que tout n'est que vanité ici-bas; qu'il n'y a de solide bonheur que dans toi, à l'aimer, à te servir.

Aussi ne veux-je vivre désormais que pour déplorer mes erreurs passées, pour me dévouer à ta loi sainte, pour profiter de toutes tes grâces, pour me préparer enfin à l'éternité bienheureuse où tu m'appelles en ta miséricorde.

Heureux! ah! trop heureux, si je m'unis pour cela sans réserve à celui qui peut seul me faire parvenir au but glorieux où je tends; si je m'attache du fond de mon âme au Sauveur divin qui m'offre toutes ses lumières pour dissiper mes ténèbres, sa vertu toute puissante pour soutenir ma faiblesse, et sa propre justice pour couvrir ce qui restera encore d'imparfait et de souillé dans les efforts même que je vais faire pour lui plaire.

INSTRUCTIONS SUR L'HUMILITÉ

L'Écriture sainte nous apprend que *Dieu résiste aux orgueilleux, qu'il abaisse ceux qui s'élèvent, qu'il faut être semblable à des petits enfants pour entrer dans sa gloire*; enfin, *qu'il ne répand ses grâces que sur les humbles.*

Qu'il est donc important pour nous de bannir de notre esprit toute présomption, toute vanité, tout orgueil. Il n'est point d'efforts que nous ne devions faire pour réussir dans cette entreprise; et pour cela :

1. Considérons que de nous-mêmes nous ne possédons rien qui puisse nous élever.

De notre fonds nous n'avons autre chose que le péché et la misère; et quant aux dons de la nature et de la grâce qui sont en nous, COMME C'EST DE

DIEU QUE NOUS LES AVONS REÇUS, C'EST À LUI SEUL QU'EN APPARTIENT TOUTE LA GLOIRE.

2. Que le souvenir de nos fautes passées ne sorte jamais de notre mémoire.

Jugeons quelle estime nous devons faire de nous-mêmes, après toutes les transgressions dont nous nous sommes rendus coupables!

3. Pensons souvent à notre faiblesse actuelle, à notre lâcheté et à notre inconstance dans le service de Dieu: qu'elles servent à nous abaisser à nos propres yeux.

4. N'espérons pas acquérir l'humilité sinon par des pratiques qui lui soient analogues.

Ce sont des actes de patience, de douceur, de renoncement à notre propre sens, qui détruiront en nous le règne de l'amour-propre.

5. Évitons avec le plus grand soin toute parole hautaine; parlons peu de nous-mêmes, et évitons de dire ce qui serait à notre avantage.

6. Lorsque nous entendons faire notre éloge, ressentons une sainte inquiétude, craignons que ce ne soit là toute LA RÉCOMPENSE DU PEU DE BIEN QUE NOUS AVONS FAIT.

Reconnaissons intérieurement notre misère.

Tâchons de détourner le discours, non d'une

manière qui nous attirerait de plus grandes louanges, comme le feraient de faux humbles; mais avec une pieuse industrie, de sorte qu'on cesse de s'occuper de nous.

Que si nous ne pouvons pas l'empêcher, renvoyons à Dieu, dans le secret de notre cœur, cet honneur qui n'appartient qu'à lui.

7. À quelque degré de piété et de vertu que par la grâce divine nous puissions parvenir, marchons cependant dans la crainte, et ne nous fions pas à nous-mêmes.

N'oublions jamais que nous portons en nous une source de péchés qui ne saurait tarir. Ainsi, soyons sans cesse sur nos gardes, fuyons les occasions tant soit peu dangereuses; et comme NOUS NE POUVONS RIEN QUE PAR LE SECOURS DE DIEU, conjurons-le de ne pas nous abandonner un instant.

8. Si, parmi les personnes avec lesquelles nous vivons, il s'en trouve quelqu'une que nous soyons tentés de mépriser, étudions ses bonnes qualités, les avantages de la nature ou de la grâce dont Dieu l'a pourvue; et lorsque nous aurons reconnu ce qu'il y a d'estimable en cette personne, servons-nous-en pour étouffer en nous tout sentiment de dédain. Nous trouverons au moins que c'est une créature de Dieu, formée à son

image, rachetée par le sang précieux de son fils, une âme capable de le voir et de le posséder éternellement.

9. Accoutumons-nous à ne contredire personne dans la conversation, lorsqu'il s'agit de choses douteuses qu'on peut soutenir de part et d'autre.

Agissons de même dans les choses de nulle conséquence, quand nous saurions que ce que l'on avance n'est pas réel. Dans les autres occasions, lorsqu'il importe de défendre la vérité, que ce soit toujours sans aigreur: nous la persuaderons bien mieux avec douceur qu'avec impétuosité.

10. Abstenons-nous, comme d'un très grand mal de juger les autres d'une manière fâcheuses.

Tâchons, au contraire, d'interpréter favorablement ce qu'ils disent et ce qu'ils font: que SI LA CHOSE N'EST PAS POSSIBLE, DÉTOURNONS NOTRE ESPRIT D'Y PENSER, si notre place ne nous oblige pas d'y remédier.

11. Lorsque nous entendons décrier quelqu'un, éprouvons-en de la douleur.

Excusons en nous-mêmes la faiblesse de celui qui médit; mais, d'un autre côté, tâchons de défendre l'honneur de celui qui est attaqué.

Faisons-le d'une manière si judicieuse, qu'en le défendant nous ne donnions pas occasion de le noircir davantage; faisons-le, tantôt en insinuant les choses qui le rendent recommandable; ou bien en rapportant l'estime que d'autres en font, ou en changeant adroitement de discours, ou en témoignant le déplaisir que nous éprouvons.

Nous ferons par là un très grand bien 1) à nous-même, 2) à celui qui médit, 3) à ceux qui l'entendent, et à la personne dont on parle mal.

Mais si nous sentons quelque plaisir lorsqu'on rabaisse notre prochain, ou quelque déplaisir lorsqu'on l'élève, sans combattre ce mouvement de tout notre pouvoir, ah! que nous sommes loin de posséder le trésor de l'humilité!

12. Si nous venons à être offensés, ne nous arrêtons pas à la personne de qui nous avons reçu cette injure; mais REGARDONS À DIEU QUI L'A PERMISE, soit pour punir nos fautes, soit pour anéantir en nous l'esprit d'orgueil en nous appelant à une telle humiliation.

13. Ayons le plus grand soin de ne jamais attrister notre prochain, quelque inférieur qu'il nous soit, par nos paroles, nos actions, ou notre manière de le traiter.

Songeons qu'en attristant notre frère, NOUS ATTRISTERIONS EN QUELQUE SORTE JÉSUS-

CHRIST, qui tient comme fait à soi ce que l'on fait au plus petit de ses membres.

14. Ayons pour nos semblables une source inépuisable de douceur et de cordialité; saisissons avec ardeur les occasions de leur être utiles; mais QUE CE SOIT DANS LA VUE DE PLAIRE À DIEU.

Épurons avec soin les motifs qui nous font agir pour en exclure tout principe de vanité; songeons qu'UNE BONNE ŒUVRE QUE NOUS TENONS SECRÈTE DEVIENT POUR NOUS D'UN AVANTAGE INAPPRÉCIABLE, au lieu que celle qui, par notre faute, vient à la connaissance des hommes, tandis qu'il était en notre pouvoir de l'y dérober, est à moitié perdue, et en danger de l'être entièrement.

15. Après la considération de notre néant, de notre faiblesse, de nos chutes, un moyen bien efficace de nous porter à l'humilité est de faire souvent cette réflexion: si je ne prends pas soin de m'humilier moi-même, Dieu certainement m'humiliera!

Peut-être retirera-t-il sa grâce de moi, et permettra-t-il que je tombe en quelque faute grave qui me déshonorera dès ici-bas aux yeux des hommes.

Ah! ne vaut-il pas mieux me faire justice à moi-même par un abaissement VOLONTAIRE, que de m'exposer aux terribles humiliations qu'éprouvent souvent dès cette vie les superbes, et à celles plus terribles qui leur sont réservées dans l'éternité?

16. Une considération toute puissante encore pour nous faire aimer cette vertu, C'EST L'EXEMPLE DE NOTRE DIVIN SAUVEUR que nous devons avoir continuellement devant les yeux. Il nous dit lui-même: *apprenez de moi que je suis doux et humble de coeur.*

Et quel est l'orgueil que l'humilité de ce Maître divin ne serait pas capable de guérir?

À dire vrai, c'est lui seul qui s'est véritablement abaissé.

Lorsqu'il semble que nous le faisons, nous nous mettons seulement au rang qui nous est dû, et nous prenons notre place.

POUR JÉSUS-CHRIST, IL EST DIEU TOUT PUISSANT; ET IL A CONSENTI À ÊTRE HOMME, FAIBLE, PASSIBLE, ET OBÉISSANT JUSQU'À LA MORT.

Celui qui fait dans le ciel la béatitude des anges et des saints, a permis à la douleur d'exercer sur lui tout son empire.

Celui qui est la sagesse incréée et la sainteté par essence, n'a pas refusé d'être traité comme un malfaiteur. Après un tel exemple, quel orgueil oserions-nous conserver?

Ayons soin de ne pas nous décourager par les difficultés que nous éprouverons d'abord dans les pratiques qui viennent de nous être recommandées, et par les oppositions que nous rencontrerons en nous-mêmes pour les suivre; GARDONS-NOUS BIEN DE DIRE: «CETTE DOCTRINE EST DURE; COMMENT LA METTRE EN PRATIQUE?»

Car les amertumes que nous y trouverons dans les commencements, se changeront en des douceurs et des consolations indicibles.

Une sainte persévérance dans ces exercices nous délivrera de mille peines d'esprit; elle nous établira dans cet état de calme et de quiétude où l'âme commence à jouir, dès ici-bas, de l'heureuse félicité qui lui est préparée dans le ciel.

Animons-nous donc d'une sainte ardeur; levons les yeux en haut, considérons Jésus-Christ: il nous invite, il nous presse de marcher sur ses traces.

Considérons les esprits bienheureux qui l'entourent: ils nous crient qu'ils ne sont arrivés à la gloire immortelle dont ils jouissent que par la pratique de l'humilité.

RAPPELONS-NOUS LES ENGAGEMENTS SACRÉS qui nous lient au Christianisme, et TREM-

BLONS DE DÉMENTIR LA SAINTETÉ DES PROMESSES QUE NOUS AVONS FAITES À NOTRE DIEU. Après tout, le Royaume des cieux souffre violence; c'est la parole expresse du Sauveur.

Heureux et mille fois heureux, si, entrant dans ces sentiments, nous faisons une étude continuelle de l'humilité pour obtenir un jour, PAR LES MÉRITES DE NOTRE ADORABLE SAUVEUR, les grandeurs de la gloire éternelle.

Copyright © 2020 par FV Éditions
ISBN Ebook : 9791029910227
ISBN Livre Broché : 9798550436189
ISBN Livre Relié : 9791029910234
Tous Droits Réservés

Également Disponible

LA REGLE DE SAINT BENOIT

www.ingramcontent.com/pod-product-compliance
Lightning Source LLC
LaVergne TN
LVHW091536070526
838199LV00002B/98